Evighetens vinter

Carl Oscar Andersson

Illustration: Carl Oscar Andersson

Förlag: BoD – Books on Demand, Stockholm, Sverige
Tryck: BoD – Books on Demand, Norderstedt, Tyskland

ISBN: 978-91-8007-585-5

Tillägnad Loke för hans ett-årsdag

Kanalmästaren

Orsak och verkan
trängtan och begränsning
vem dikterar förändringens riktning?
Den starke drar åt sig beundran och inflytande
maktens feminina svaghet
verkställd genom sanningskraften
som vilja och idé i förening
en intensiv ström som gör allt förgängligt
oberörd av mänskligt inflytande
flyter bestämt i Traditionens kanaler
att bestämma förändringens riktning och tempo är
uppgiften
som vi fått oss tilldelade
genom vår vilja
bestämmer vi kanalens form
mänsklighetens öde beror på kanalmästarens
förmåga
förmågan att värna essensen
och förmågan att omgestalta
utan kanalmästarna är vi enkom djur
dömda att sträva utan riktning
inget öde kan vara värre för en faustisk människa

Nordisk avgrund

Vi som åt gudarna äran ger
som på ängar och under asparlundar njuter av livet
där solen alltid dansar och sjunger
i lyckligt land där dygdighet råder
en plats där höstens intåg känns så hårt
där naturens rörelse markerar att vinter nalkas
möter med andra ljusmänniskor stolt vår avgrund

Helios väg

Upp steg Helios, ur havets svall
pigg och givande, i sitt kall
därpå kom ledan, då blev solen sunken
med natten i släptåg, åter försjunken

Det götiska gardet

Vi är det götiska gardet
vi går fram med fasta steg
mot en gyllene framtid
med Traditionen i vårt bröst!
Den förlorade länken har tagits upp
aldrig mer försakas den
andan, den präglar oss åter
inget hinder är för starkt!
Mörkrets tid är snart förbi
facklan brinner än en gång
traditionen är åter säkrad
i götars händer är den trygg!

Förädling och världslighet

Av mer kan du få ut mer, utan krav på förädling
av mindre kan du få ut än mer, om du förädlar
längst av allt varar en vårdad personlighet
om å andra sidan en rutten personlighet
kompenserar med makt och rikedom
kan avvikelsen från det normala te sig enklare
att inte ta hänsyn till vår omgivnings förväntningar
väcker avundsjuka
för vad kan vara mer ärorikt än att träda bort från
den meningslösa världsleken?

Tankar från ett islandskap

Tårar av is som smälter
en förtvivlan griper in
när mänskligt förstånd saknas
från en glaciär av elände
rinner uppdämda känslor av hat och sorg
bortträngda av en fruktad elit
slängandes floskler hit och floskler dit
godtroget har vi accepterat alla förklaringar
bakbundna av vår historiska tillit till våra styrande
långsamt smälter glaciären
dropparna av hat och sorg bildar nu en sjö
i en virvlande rännil rinner tårarna fram
ruggigt blir det uppdämda hat som fryser till is
decennier av oförrätter där förbrytelse efter
förbrytelse
undgått bestraffning, har urholkat den urtida
gemenskapen
den fasta marken under våra fötter har blivit till
lera
glaciären droppar snabbare och snabbare
de frusna tårarna rinner i en allt stridare ström
hatet håller jämna steg med sorgen
tusentals döttrar, söner, bröder
mödrar och fäder, far- och morföräldrar
kusiner och andra släktingar, alla har de
drabbats av grymheter som knappt kan omnämnas
dygdigt och tålmodigt har vi väntat på de
ansvarigas bestraffning
men de som fått förtroende av folket

har fallerat i sin uppgift
vi kan inte längre få någon rättvisa av de styrande
inte nu och inte heller i framtiden
glaciären smälter ner
kvar finns endast en flod av tårar
kubik efter kubik av bottenlös sorg
har ansamlats i decennier
det kalla hat som rämnar
går inte att hejda
det finns inte längre någon medelväg
det är de mångas fel
endast fåtalet har samvetet intakt
där vi nu befinner oss finns endast hat och hämnd
de som önskar rättvisa får se till att utmäta den
själva
det kalla hatet har tiden för sig
om valet står mellan att låta sig lemlästas, våldtas
och förnedras
eller att bekämpa de som vill utsätta oss för detta,
torde valet vara enkelt
de rättfärdigas kalla hat vet inga gränser
det gör inte heller dess kusin Hämnd
inga nidingsdåd glöms bort
ett kyligt och kalkylerande raseri väntar
när fördämningarna brister, då brister allt
vår feghet, våra tabun, ja, civilisationen
överhuvudtaget;
bered er för avräkningens stora dag!
hämndens timme slår snart!
det kalla hatets flodvåg stiger!
en snar morgon skall den bryta fram

och dränka de orättfärdiga

Götens död är den Andres bröd

Jag var en gång stolt, stark och modig
idag är jag skamsen, feg och svag
mina förfäders gärningar anses vara mina
ogärningar
alla hatar mig, även flera götiska fränder
de hatar att jag finns och att jag har ett förflutet –
därför angriper de min framtid
de sår illviljans frön idag för att skörda olyckans
frukter imorgon
de är anti-kulturens epigoner och negationens
lakejer
vad gör göten åt detta?
Hur ska han finna sig i anti-kulturens oförrätter?
När orkar han spränga orättvisans bojor?
När kommer den ärorika götiska kvinnan att säga
ifrån?
Väntar hon på att den götiska mannen skall agera i
hennes ställe?
Behöver hon inte själv kämpa för sin frihet?
Samtidigt lever den Andre i den bästa av världar
den Andre tycks ha hemortsrätt till hela jordklotet
det är inget som kan vara eller borde vara, utan det
bara är så enligt anti-kulturen
allt annat är för hemskt att tänkas
exempelvis helvetets ugnar och den gränslösa
rotlösheten
himmel och helvete, denna enkla dikotomi, som
också utgör del i anti-kulturens filosofi
göten lever i helvetet, ett jordiskt sådant

någon himmel finns ju inte bortom jorden, enligt
den gudlösa anti-kulturen
göten föds idag in i en värld som denne själv inte
har valt
denne döps in i världen med en hink full av aska
därefter lever denne skamset sitt liv, konstlat med
anti-kulturens rika flora av lockelser
den Andre träder illvilligt fram och välkomnar
götens förnedring
för i götens förnedring finner den Andre sitt
erkännande
den Andre bejakar sina egna rötter och säger åt
göten att glömma sitt ursprung
villkoren för götens existens har ändrats, de är inte
vad de en gång var
den Andre parasiterar på götens söner och döttrar
utan näringen hos dessa vore den Andre intet
ty götens död är den Andres bröd

En själ, två naturer

Varje människa har två naturer
en djurisk, världslig natur
och en annan, bortom-världslig natur
vad potentialen erbjuder
tillåts människan sällan att uppnå
som har att resignera eller trotsa
den som misslyckas i det världsliga rummet
kan istället uppnå triumfer i gudomlighetens sfärer
bara människans medvetna val ger svaren
endast en konstnärssjäl med andlig förmåga
förmår lindra människosläktets lidande hjärta
i all sin prakt, full av armod
plågad av låghet, hatad av alla
träder så skaparen fram
och ger gestaltning åt vår tvådelade natur

Traditionens standar

Grått, vitt och svart – det är traditionens standar
ett standar för frihet, styrka och omsorg
dess konturer skymtas, bortom vardagens mörker
vår verklighet är inte vit eller svart, utan grå.
Ur mörker och ljus framträder verklighetens
fysionomi
för att uträtta det goda måste vi ha en relation till
det onda
vill vi känna verkligheten måste vi förstå dess hela
spektra
att erkänna denna verklighet är att medge vår själs
bräcklighet.
Ett livskraftigt samhälle är på väg att födas
traditionens förkämpar samlar kraft
en fruktansvärd storm skall bryta ut
modernitetens standar ter sig skört inför dess
ankomst
vid regnbågens ände väntar inget guld – endast
besvikelse.
Dit ledde löften som aldrig borde ha givits
gryningstimmen skiner ikapp med traditionens
lyster
ett löfte om att en ny ordning snart är här
en ordning som är grå, vit och svart.

Funderingar

Tveksam över tillvaron
otrygg jag är
benen på en plats
huvudet på ett annat;
i avgrundens djup finner jag glädjen
utloppet för all min hopplöshet
min framtids bild är flyktig, jag är ju faustisk.
I evig strävan mot det som är ouppnåeligt;
varför nöjer jag mig med det som är vordet
när jag kan förädlas i det som är vardande?
Inhägnad i ignoransens bur, förvisso lycklig
ett hinder för den strävan som drar mig vidare;
åh högre makter, ge mig en vilja
så jag kan befria mig från världens enfald.

Dödens faktum

Livet framstår som en självklarhet
åtminstone för de som lever;
vissa föds med en annan medvetenhet
där livets möjligheter skyms av den sanning
som dödens faktum utgör.

Allt vi gör under vår existens är futilt
sett ur evighetens perspektiv rinner varje ansats ut i
sanden, utan pardon;
livet utgörs av korn, likt de som rinner i timglaset
redan från början är kornen räknade, de strilar
snabbt genom flaskhalsen.

När vi inte tänker på livet, lurar döden runt hörnet;
när vi inte tänker på döden är livet allt
men döden kommer likväl i släptåg;
det finns ingen respit att få från det absoluta
från det tvingande slut som vi alla måste acceptera.

I en värld där fakta har störst status
som medel i händerna på vetenskapsmän och
filosofer
är det lätt hänt att glömma
det viktigaste faktumet av dem alla:
dödens faktum.

Livets mångsidighet

Livet är enhetligt, men ändå inte
dess fysionomik tar sig många uttryck
dess former är otaliga, omöjliga att överblicka
ändå försöker vi kategorisera dess gestalter
så långt det är möjligt.

Livet är som en stursk flod, vars rörelse är vild
hur vi än bär oss åt för att tämja dess flöde
kommer våra ansträngningar att vara förgäves
vi kan förvisso ibland binda naturens muskler
men närsom krossar den oss som kvalster.

Varstans på jorden föds och växer varelser
levande ting, som tar plats i tillvaron
fullgörare av den ursprungliga rörelsen
som ännu, efter fyra passerade eoner
ej har stillats.

Livet är dynamiskt, inte statiskt;
vad vi erfar idag, flyter vidare och förflyktigas
imorgon och alla kommande dagar
intill tidernas ände
då inget återstår.

Mångsidigheten i tillvaron, till synes obegriplig
är inte mindre obegriplig än ursprunget
den händelse som berörde allt och alla
frågan om livets otaliga gestaltningar
möter vi endast svagt med teorier.

Alltets början

Då allt tog sin början
i dunkla urtid, när inget fanns
ekade tomhet i universums vida rum
ja, om vi ens kan veta, att rummet fanns.

I ursprunget är inget känt och allt är nytt
ingen historia finns och heller inga minnen
när allting börjar, föds tiden och rörelsen
det som leder fram mot ett Något.

Något är ett annat namn för universum
det sammanhang där livet gavs utrymme
och där mycket, kanske alltför mycket
stod att upptäcka.

Kanske får vi aldrig ett svar, ingen respit
från vår undran inför evighetens mysterium
alltets ursprung är frågan om barndomen
den urtid då evigheten tog sin början.

Så många stora personer som siat om detta
det största bland alla livets mysterier
trots våra vedermödor är vi inte svaret närmre
men fast beslutna att söka vidare, det är vi trots
allt.

Tystnadens vedersakare

I den stilla stunden, ensam och säker
hör jag ett oljud, en Någon som bräker

Min stund av trevnad, för evigt borta
tystnadens tillfällen, alltid så korta

De goda tankarna, så få och så sköra
lätta att skingra, och lätta att störa

Stormande tillvaro, en värld av larm
där intet består, och alla lider harm

Tidens flöde tilltar, dagarna blir färre
oljuden blir fler, och humöret värre

När ingen respit jag får
reser jag mig och går

I sökandet efter inre frid
tar jag mig oljudet an i strid

Med intakt och fortsatt tro
att jag någon dag skall få ro

Hercynia

Åh, stora mörka värld!
Dunkelt är ditt ursprung
du som strömmade fram
över floder, genom träsk och tjärn
klättrandes över berg, bestigandes kullar

Allt hörandes till dig, gamla sköna Hercynia
du gröndunkla värld, Europas bälte
livgivande skog, så vida spridd
i forntiden var du själva livets emblem
tills dess att folken fick en oregerlig spridning
och din undersköna grönska skövlades

Åh, Hercynia, vad vi sörjer din forna storhet
du var så vida spridd, så älskad och omtalad
många var folken som under dina grönverk
fann beskydd, hopp och liv; så föll det hela ut att
dina vackra träd plundrades

Materiell tillväxt följde på den andliga
nymodigheten, den som kommit österifrån
där liknande skogar inte stod att finna
vad som varit livgivande och gott fick inte bestå
kalla, olycksbådande vindar svepte in över
Hercynias grönskande nejder
en rysning gick genom germanernas ursprung
susandes skvallrades det bland träden
djuren fylldes av oro och drog sig undan

träd och buskage fälldes, den gamla växtligheten
röjdes undan

Allt blev ljusare och klarare, samtidigt som
mystiken försvann
i Hercynias skogar hade livets mystik dolt sig
på de stora blottade ytor som fanns kvar
stod inget livgivande kvar att skåda, allt var
förbrukat för tillväxtens skull

Så kom det sig att mäktiga Hercynia
en gång så heligt och vördat
skövlades för ändamålsenlighetens skull;
skogen, detta mäktiga utanverk och under
som ger så mycket och tar så litet
lever förvisso kvar på andra håll

Men en skog av Hercynias slag
kommer aldrig mera åter;
om detta må jordanden evigt vittna

Döende ljus

Det droppar långsamt men ofrånkomligt
tiden tvingar stearinet att flämta
ljusets skyddande hölje svettas och smälter
och ger till sist efter för det omfamnande mörkrets
totala intåg

Intryck från en modern vardag

Jag sätter mig på bussen som går mot Göteborg
tjugofem personer, skränandes om allt och inget,
trängs därpå
plingande telefoner och högljudda röster, förenade
i outhärdlig kakafoni;
som jag längtar efter lugn och ro, efter stillhet och
återhämtning!

Vad som väntar i staden är dock något kvalificerat
annat: gap, stök och planlöst liv
på bussen lyssnar jag till tre unga kvinnor, höga i
tonen och snabba i orden
en blond mojäng i lyxförpackning, anstränger sig
för att ta plats i kackel-symfonin:
"Såg ni senaste Paradise Hotell? Eller Love
Island? Såg du den heta hunken?"
en kvinna med mörka, orientaliska drag, utrustad
med en stark attityd svarade:
"Oh ja! Det gjorde jag, vilken jävla snygg kille!
Honom drömde jag om i natt!"
En tredje kvinna i sällskapet, som var rödhårig,
nickade instämmande och fyllde i:
"Absolut, vem kollade inte på det? Han var det
vackraste jag någonsin sett!"

Det skrattades, skrålades och vrålades; ljudnivån
tilltog och vantrivseln likaså
jag lyssnade ofrivilligt till deras gapiga stämmor,
något alternativ stod mig inte till buds

i motsats till andra vägrade jag fly in i den virtuella
världen, jag vägrade eskapismen
ljudnivån steg ytterligare och fler personer
stoppade in hörlurar i sina öron, desperata i sina
försök att fly undan oväsendet

Stämmorna tycktes öka i takt med den stegrande
musiken, oljudet ville inte ge med sig
det var helt olidligt, jag visste inte vart jag skulle ta
vägen
att konfrontera dessa gälla basuner av oljud låg
mig inte för, jag var alltför osäker

Min tveksamhet fick mig att lyssna vidare till den
olidliga diskussionen:
"…Om du fick välja, skulle du ligga med honom?"
"Ja, honom – och två andra. De skulle vara
tillgängliga i tre olika rum hemma hos mig"
"Beroende på humöret skulle jag välja en asiat, en
afrikan eller en europé!"
"Vem behöver välja?" svarade den blonda
mojängen. "Alla kan få mig att spruta och njuta!"

Jag skakade på huvudet, det var olidligt att lyssna
till deras ord
misantropin inom mig sköt i höjden, mitt hat mot
samtiden steg till nya nivåer
var det för detta som våra förfäder hade kämpat
med sina täppor?
Var det för detta som karolinerna offrade sig på
Europas slagfält?

Är detta verkligen kulminationen på vårt folks
tusenåriga strävan i tillvaron?

Jag klev av bussen vid närmsta hållplats och
traskade vidare mot Avenyn
överallt vimmelkantiga människor, uppfyllda av
stress och hets

Överväldigad av intrycken tog jag min tillflykt till
mitt inre citadell
det som ingen armé i världen kan belägra och som
aldrig faller
så länge min själ har ro

Spenglers gåta

Se bakåt, mot historiens gömmor
bland dess skuggor döljer sig en linje
vars riktning inte kan tydas;
i forntiden, där potentialen har dött
trivs de samtidsskygga som bäst
däribland siaren från Blankenburg

Svaghet, trötthet och sterilitet
så lydde ledorden i Spenglers samtid
inte undra på att han sökte efter ljusglimtar
ett sökande som lämpar sig bäst i skymningstider
likaväl är det futilt, att söka efter det ljusa
när det som lyser upp mörkret ständigt slocknar

Framtidens gestaltning utvecklas ur det förgångnas
ursymbol
ur det stora fröet växer morgondagens former fram
allt som är historiskt härrör från en icke-historisk
tid
där den stora linjen börjar
och slutligen återvänder, trasig och trött
när högkulturen passerat och civilisationen dött
då skall åter allt slumra
i moder jords tålmodiga famn

Barnets lycka

Se så det skrattar, det lilla barnet!
Pigg och glad, så nyfiken på världen
vad den innehåller, vad den kan ge;
ännu utan oro, befriad från insikter
om Varats oroliga konstitution
där inget är uppenbart tydligt;
tacka vet jag denna första stund
där barnet finner ro hos sig själv

Bohusgranit

När allt synes flyktigt
då inget visar sig vara beständigt
när tidens anda fläktar på
och allt vi känner ej kan bestå
minner jag mig själv om något fast;
Bohusläns granit, hård och enkel
sprungen ur gammal is och sten
ädel och uppriktig, varaktig och stolt
liksom folket i gamla Ranrikeland

Ilskans tid

Varje kväll och natt
när vi är som tröttast
träder ilskan otåligt ut från sin vrå
våra stubiner är korta, briserar direkt
det finns inga nyanser, inget spektrum
allt är svart eller vitt, antingen eller;
det finns ingen väg bort från ilskan
dess tid är inne, den härskar oinskränkt
endast tiden själv kan skingra den

I solens tecken

Det finns många uttryck för livet
för dess levande former och gestaltningar
ett vet jag dock som är tydligare än allt
den strålande solen, kastande sina livgivande pilar
vad vore vi utan solen, den skinande giganten
den är naturligt vår största symbol
för livet överhuvudtaget, utan den vore vi intet
kylan och mörkret hade i dess frånfälle härskat
villkorslöst
och allt som vi håller skönt och sant i denna värld
skulle vara en chimär, ett tankefoster i en alternativ
sfär
så låt oss hylla solen, res standaren och de heliga
tecknen
så som vi i forntiden gjorde, för att hylla dess kraft
i solens tecken reser vi oss åter, mot en livgivande
framtid

Domarringen

Vandrande, genom skog och mark
i vacker hembygd, sökandes;
där var skymmande buskage och lövverk
dolda tjärn och mörka bäckar;
naturens många små under
som alla synes vara så värdiga;
naturen, den skönaste katedralen
forntida ruiner, bevarade tempel;
inget ter sig mer sublimt för den historiske
som vördnadsfullt beundrar dåtidens höjder;
en dag upptäcktes av denne en äldre ruin
en domarring, ett ting av gammalt slag;
bestående av nio bumlingar
samma antal som de dagar Allfadern offrade
för sin ihärdiga kunskapstörst;
insikten slog upptäckaren där och då
att avgörande utfall alltid kräver en avvikande
mening;
om våra förfäder kände denna visdom
kan man fråga sig var vi tappade den

Löftet

Jag gav ett löfte, ett ord att hålla
mitt ord är allt, utan det är jag intet;
varken väder eller vind, guld eller status
får rucka omkull det givna löftet

Tjärnet

En skogspromenad, som vilken annan
med samma syfte, att läka min själ

Så många gånger, jag vandrat på stigen
den som leder bort från världens larm

Alltid samma stig, som leder till en korsning
ett vägval, där mitt val har förblivit detsamma

Men en dag, så fattade jag ett annat beslut
jag skulle gå en annan väg, på en okänd stig

Snabbt beklagade jag mig, då stigen var svår
inte alls så behaglig som den andra

Valet var dock gjort, det gällde att stå sitt kast
genom det okända skulle jag fram, oavsett

Jag gick och gick, på den okända stigen
mitt livs mest spännande vandring

Min färd var dunkel, mörk och osäker
tvivlets bredder växte i mig

Men så hände det, jag kom fram till Tjärnet
i skogen fann jag en överflödig oas

Skogens grenar och lövverk hängde däröver
som om naturen ville dölja sitt eget verk

Tjärnet var sublimt, i dess vatten fanns djur
fåglar, små fiskar och ödlor levde där fritt

Enskilda solglimtar trängde ner i Tjärnet
en helig markör för dess naturliga skönhet

Långsamt vandrade jag runt i beundran
över ett verk som inte var människans

Jag stod därefter helt still, berusad av tystnad
inget är så naturligt andligt som tystnaden

All min kraft kom tillbaka, liksom min kreativitet
vägen jag valde var så rätt, så rätt

Timtals senare gick jag tillbaka på min väg
den som jag så trotsigt och atypiskt valde

Fylld av hopp och kärlek till livet
aldrig mer skulle jag välja en annan väg

Till Tjärnet och dess omgivning ville jag åter
för att få uppleva den naturliga andligheten

Falsk skönhet

Du är skön, du är vacker
men inte på riktigt;
du klär dig skönt, du klär dig vackert
men dina kläder döljer mer än vad de framhäver;
du talar skönt
men dina ord döljer din fulhet

Dölj inte din äkthet
det är genom den som det sköna mejslas fram
den falska skönheten är inte bestående
den ruttnar inombords, likt ett murket träd

Ragnarök

Vid alltings ände, då tiden upphör
när allt som lever vissnar och dör
då slutstriden är utkämpad
vet vi att gudarna mött sin undergång

Död och blod, vemod och sorg;
så mycket som förstördes under kampen
då mörker och ljus drabbade samman
allt gick förlorat i kriget, inte bara för asarna

Gudarnas ordning är förbi, evigt borta
människans tid är här, alltjämt rådande
inget blir vad det var, något nytt tar vid
på Idavallens ängder, där ljuset ånyo råder
möjligheternas utrymme, där hoppet åter ges plats

Skogen och öknen

Vandraren rör sig under ljusa dag in mot mörkret
och dunklet, bland buskar, träd och stenar
där finner han liv och rörelse, av ett annat ursprung
i skogens insynsskymda värld, där överblickar är
omöjliga

Där finner vandraren en bortglömd värld, som
ändock dröjt sig kvar i blodsminnet
där fordoms mödrar och fäder slet och strävade,
för framtids skull
ej längre vördad, numer förminskad och avskydd,
men inte av vandraren

Från gläntans omgärdande trädtoppar strömmar
fågelsång ut till vandrarens glädje
i lycklig ovetskap sjunger varelserna om dagens
många möjligheter
ännu längre, ovanför trädens toppar, drar mörka
moln förbi

En rysning greppar tag om vandraren, som anar att
oväder är i färde
än är skogen mörk och dunkel, än syns bara träd,
buskar och allmän lummighet till
det trolska har vandraren i sitt grepp, som alltjämt
befinner sig i naturens katedral

En vind tränger sig in bland trädens kronor,
plötsligt börjar hela skogen dansa

suset som medföljer ter sig för vandraren som
högljudda viskningar från träden
vandraren grips av förtvivlan; han vill veta vad
träden försöker säga

Han stannar upp och dröjer sig kvar i den dunkla
miljön
med sina händer greppar han tag om kvistar och
stenar, för att få en känsla av ur-heten
vandraren visste att han var vilse, dels i skogen
men också i sin egen själ

Trots att han inte förstod sig på suset, naturens
röster, fylldes han av välbehag
vandraren kände sig hemma i skogen, som var
hans och förfädernas urhem
i denna lummiga miljö hade han danats, i skogen
hade generationer före honom hämtat sin livskraft

Han mindes dagar ur sin barndom, de första stegen
i skogen
en tid när hela familjen vistades där för att finna
glädje och inspiration
lyckligt var vandrarens minne över detta förflutna,
som syntes så vackert i jämförelse med Nuet

Nuet, som inte tar hänsyn till skogens välstånd och
inneboende värde
Nuet, som inte ser skogen för alla dess träd, som
brutalt avverkas för kommersens skull

Nuet, där människorna betraktar skogen som något
skrämmande och farligt

Den gångna tidens ordning vördades i vandrarens
hjärta
han föreställde sig en annan tid och plats, en annan
livsmöjlighet
där hans eget leverne på jorden stod i samklang
med naturen själv

Men drömmeri är verklighetsflykt, ett medel för att
undgå att konfrontera sina omständigheter
vandraren insåg detta och rörde sig vidare i
skogen, i en riktning där trädens täthet minskade
han rörde sig så långt att lummigheten avtog och
en helt annan vy tog vid

Direkt utanför skogslinjen fann han en milsvid
öken, tusentals ton av sand
han blickade långt över det monotona landskapet,
men såg ändå ingenting
allt var öken, allt var sand, allt var intet

Chocken blev total, kontrasten för stor
i skogen hade han sett liv och anat hemligheter
i öknen stod livet på undantag och allt var blottlagt

Vandraren som kände sig hemma i skogen, var
främmande inför detta landskap
trots att han såg långt såg han inga konturer, ingen
gestaltning

detta i motsats till skogen, där han inte såg långt
men å andra sidan såg mycket

Öknen är allt som skogen inte är
den rymmer knappt något liv och ger lite
stimulation
en öken är enfaldig, sanden säger allt och
ingenting

Öknen är linjär, sandlandskapet breder ut sig och
ser likadant ut överallt
en öken i Sahara ser likadan ut som en öken i Gobi
varje öken är utsatt för vindens tryck, dess
sandkorn skiftar lätt riktning

Vinden når också skogen och utsätter träden för
prövningar
ibland går träden sönder, händelsevis rycks de upp
med sina rötter
men friska träd, de antar vindens utmaningar och
låter sig pressas

En genomliden storm är för trädet en härdande
upplevelse
öknen härdas aldrig, dess otaliga sandkorn flyktar i
den ena eller andra riktningen
när ett träd blåser omkull tar skogen hand om den
avlidne, som stoff åt nytt liv

Skogen är cyklisk, löven på dess träd vissnar, dör
och växer ut igen

barren hos granarna lossnar och ersätts av nya
friska skott
i skogen syns skiftningar, dess utseende varierar
med årstiderna

Vandraren bekymrar sig och undrar hur skogen
kan stå pall
det finns måhända flera orsaker till att en öken
breder ut sig
för en enkel vandrare är det svårt att veta vilka

En uppfattning sluter sig dock vandraren till:
skogen kan endast överleva om den får mer
omsorg än öknen
om det planteras nya träd och anhopningen av
sandkorn stoppas

En skog som breder ut sig lovar liv
en öken som breder ut sig lovar död
livet och döden låter sig aldrig förlikas

Aftonrodnad

Mörkret tilltar, ljuset mättas
grönska som vissnar, strömmar av livets nektar
torkar ut
ädla blod, som inte längre livfullt pulserar
en forntida kraft och inspiration, som förtvinat och
försvunnit
en samhällskropp som ruttnar, ett hopp som
slocknar ut
i desperation flyr jag mina tankar, ror mig ut på
havet
en akt som i sekunder befriar mig från oron att veta
uti det mörka svallet färdas jag, där alla ljus är
släckta
jag plockar upp min lykta, som ger ifrån sig ett
dovt sken
hur jag än försöker kommer jag inte undan min oro
i min djupaste förtvivlan händer så något
ett ljus ger sig tillkänna, borta i horisonten
siluetten av en fyr och ett kustlandskap
ett levande rike, dolt av skuggor
tanken slår mig att jag inte är ensam
det finns andra som lever om natten
jag är en vilsen själ, sedan lång tid tillbaka
en förtvivlad varelse, som uthärdar i inre exil
jag letar efter fasta punkter, efter något som ger
tillvaron stadga
det visar sig att sådana punkter inte är lätta att
finna

i aftonrodnadens land är skuggan min ständige
följeslagare
den utgör mitt andra Jag, min potential och yttersta
natur
ständigt minner den om vad som gått förlorat
men också om vad som kan vinnas
hur mycket jag än försöker ignorera den
kommer den tillbaka desto starkare
vi tar alla del i sorgespelet, under den falska
ordning vi lever i
med den insikten fortsätter min färd genom natten
trots oro och ångest strävar jag vidare
mot okänt land, där äkthet och redlighet råder
det är långt dit, kanske når jag aldrig fram
vilket trots allt inte är så farligt, sett ur evighetens
perspektiv

Sviken

Så många gånger jag hört dina löften
vid varje tillfälle mötte besvikelse
i en tid där allt är sant och samtidigt falskt
trodde jag i min enfald att du var en verklig
ledsagare
åh, som jag bedrog mig!
samtalet som aldrig tog vid
mötet som ständigt sköts upp
drömmar och hopp som aldrig infriades
en ljuvlig fantasi som endast förvillade
åh, vad jag var naiv!
alltjämt en ljusglimt under mörka dagar
tanken på dig och det välmående du medför
tusen ord som inte räcker till för att beskriva din
kraft
oräkneliga nätter som du fyllt mina tankar
åh, vad jag ändå längtar efter dig!
så blir jag påmind på nytt
om vardagens alla hinder
ja, om den jäktande modernitet som kväver vår
frihet
som mutar in våra dagar och tränger ut minsta
minut
åh, vad jag ändå känner mig sviken!

De andligas brödraskap

En människa kan belönas med många ting
rikedom och ära, ja, framgång i alla dess former
sin ätt kan denne sprida vidare sekler in i tiden
levande bekräftelse på en förmåga att breda ut sig i
världen
men av allt som står en människa bi
är vänskapens kraft det sällsyntaste
att känna ett verkligt band till en annan människa
ger oerhört mycket inspiration och livsglädje
blodsband är starkt, kanske starkast av allt
men betydligt mer gement än det andliga
släktskapet
som transcenderar blodet självt i en mystisk akt
och som ingen i hela världen förstår sig på
få gånger i livet känner vi denna kraft
men de gånger den griper oss faller vi i trans
den andliga gemenskapen är det ädlaste av allt
den står bortom allt världsligt som tänkas kan
när vi så sitter och beklagar oss över vår olycka
då stunder av tvivel griper an och ger oss leda
må vi då, trots allt, glädjas över våra vänner
som är det mest kostbara vi äger

Dårskap och genialitet

Ve den hatfulle
den som misstror allt
försakaren av lyckans bjudningar
lidandet följer försakaren
som ändå skrattar åt situationen
hur tacklar man den som försakar nöjets former?
Är den en dåre, som hatar?
Är den en idiot, som inte är lycklig?
Är den förkastlig, som missunnar människor deras
glädje?
Den store försakaren väljer själv sina betraktare
geniet går sin egen väg, någon annans väg kan
denne omöjligen följa
ingen kan vara ett geni som redan vandrar på
uppträdd mark
bandet till våra medmänniskor räcker inte till i det
outforskades fält

Lugna vågor och härlig sälta

Vad är mer rogivande än havets stillhet?
De vaggande vågorna, den friska vinden?
Den härliga sältan, som pockar på
uppmärksamhet?
Hos havet finns ingen melankoli, endast fortvaro
ung var jorden när sjögångens urtida rytm tog sin
början
den ljuvliga och naturliga ton som vaggar vår själ
till ro
havet kan vara skönt i sin blygsamhet, men också
stormigt och omvälvande
om så varje sandkorn i världen faller ner från våra
händer, består havet alltjämt
oceanerna är en ynnest, givna av Varats fader
tänk om vi oftare sjung det mäktiga havets lov
och än mer passionerat älskade dess kraft
dess förföriskt vackra enkelhet

Hymn till livet

Åh, glädje!
Saliga är livets sällsamma stunder då allt är i
balans
att greppa nöjdhetens tillfälle hårt och fast
gör den annars olycksalige väldigt gott
livets oändliga flora av möjligheter ligger vilande
förvisso gör tidens tand sitt, dagarna går och
tillfällena blir färre
vår tidiga entusiasm ersätts av förtvivlan
plötsligt börjar vi ångra vad vi gjort och vad vi inte
gjort
att ta vara på våra möjligheter förutsätter en lust
inför livet
oräkneliga vägar ligger framför oss, den ena mer
suggestiv än den andra
att sondera i potentialens svåra terräng kräver sin
man och sin kvinna
det möjliga livet, det förutsätter ovidlåtenhet
en förmåga att tänka bort sådant som är destruktivt
och nedslående
ja, denna svåråtkomliga ovidlåtenhet!
Åh, gudar, ge mig åtkomst till denna mäktiga kraft
så jag evigt kan sjunga sköna hymner till livets
ära!

Blyghetens tyranni

Hur vinner jag din kärlek?
Den känsla som gör mig tacksam inför livet?
Som gläder mig bortom stundens flyktighet?
Vad jag i min mörka kammare tycker och tänker
vågar jag sedan inte framföra i dagsljusets råa
verklighet
dåren, som ingenting hellre vill än att le
står istället där med argsint blick
är måhända lösningen tvådelad?
Jag kan förvisso le åt flickan
men då förlorar jag min respekt inför männen
när jag anstränger mig för den enes tillit
förlorar jag i aktning hos den andre
i blyghetens tvingande tyranni är jag alltjämt fast

Persevs färd

Du som av människor berömmelse önskar
måste ständigt söka ytterlighetens gränser
de största upptäckarna färdas alltid på de vildaste
haven
bara svåra vägar leder till de yverbornas rike
om detta kunde Persevs berätta, en grekisk
urgestalt
som under sin färd offrade allt för att angöra
lycksalighetens ö

Längtan efter evigheten

I mitten av vår vandring
genom det osäkra livet
blickar vi tillbaka
mot en mening vi ursprungligen förlorat
vad vi lärt oss under den tid som förflutit
vår säkraste visshet
är vikten av den mening vi skapar varje dag
genom våra handlingar och tankar
förblir vår vardag full av mening
längtan efter evigheten
ger oss ständig energi
även en äldre person
med utsatt kroppslig bäring
lever kvar i sitt hjärtas ursprungliga ungdom
må samma hjärta alltid sukta efter evigheten
även då kroppen förfallit
och själen seglat vidare mot Glysisvald

Kustens värme

I ett litet och grått rum jag sitter
uppgiven och arg, på livet bitter

I ilskan finner jag energi
något som lindrar min letargi

När livet känns jobbigt och svårt
tänk då, på det som är mindre hårt!

En varm dag, när luften är frisk
som vid kusten ges, utan risk

Därute kastar havet sin sälta
där kunna vi vår ångest välta

I stadens konstlade miljöer lever jag
med en stark dröm om att fly en dag

Till en plats där solens strålar stänker
ett rofyllt ställe där jag i frihet tänker

Bland kustens klippor där jag vandrat som ung
ingen känsla var mig då för tung

Att leva naturligt, i samklang med livet
ett ädelt ideal, som bör ses för givet

I det gråa rummet jag alltjämt sitter
fylld av hopp, inte längre bitter

Att sjunga livets lov och känna dess ljuva sida
vad mer kan jag begära, för att slippa lida?

Ledans pris

Jag går och går, men kommer inte fram till målet
jag väntar och väntar, men trillar längre ner i hålet

En dag som andra, tristessen hopar sig
jag tar mig för pannan, ledan förgör mig

Kanske händer något, om jag hoppas
om för en tid, mina drömmar stoppas

Det upphöjda och flärdfulla fördunklar all vardag
den som blivit bortskämd ger inte ett andetag
för det som är alldagligt

Vi strävar efter lycka och önskar oss njutning
i besvikelse vi finner att all vilja innebär lutning

När vår vilja blivit tillfredsställd, känner vi oss
tomma
ett vakuum, förvisso, till ledans fromma

Ett ändlöst spel, som fortlöper i cyklisk evighet
ett mål, två mål, tre mål – kanske också ett fjärde
åh, dessa förhoppningar, som jag naivt närde!

Ledans pris blir alltid stort och kräver sin rätt
om vår skramliga natur, bryr den sig inte ett skvätt

Bejaka livet, det säger dem alla, lev för dagen;
men det enda som händer, är att viljan blir slagen

Den springer i en hage utan slut, fast i sin
obundenhet
endast principer, budord och moral kan tygla den
en bunden vilja blir alltid olycklig
men kanske är denna olycka ändå ett mindre ont
än den själatärande gränslöshet som annars ger sig
tillkänna

För att undgå ledans pris måste vi leva
och inte i tillvaron alltför enkelt treva

Bortom dagens horisont väntar det okända
kanske inget av mening, blott en slända

Att hoppas inför ovissheten, det dödar ledan
åh, antikens vise: detta visste ni redan!

Nattmänniskans klagan

Så sorgligt, så eländigt!
Det blev inte som jag ville
inte denna gång heller
nu är allt förlorat, förlorat för gott!
Vad återstår att göra?
Min existens är nu värd intet
om den någonsin har varit det!
Jag ställde så höga hopp till världen
att allt skulle ordna sig till det bättre
nu är jag dock klokare
en virrig ström av barnsliga önskemål
nu kan allt bara sluta antingen-eller
några andra utfall kan jag inte se
allt korrumperas, allt vittrar sönder
allt vackert förvrids av fulhet
hur kan någon alltjämt tro på en ljus framtid?
Gudar!
Människor!
Alla levande och icke-organiska ting:
lyssna till min förtvivlade klagan!
Vad skall jag nu ta mig till?
Hur tar jag mig ur denna mardRöms labyrint?
Livet är inte längre värt några andetag
jag har dragit min sista suck!
En stilla förhoppning har jag alltjämt
att eftervärlden visar mig större mildhet
så mitt namn kan stråla i evig prakt

Barnslighet och omedvetenhet

Är barnslighet och omedvetenhet samma sak?
Är det okunskapen om världen som gör barnet
spontant och lyckligt?
Förklarar måhända nyhetens välbehag barnets rena
glädje?

Ett barn känner ingen ångest, vet ingen kulturell
fernissa
allt vad barnet erfar sker utifrån lidelse, i glädjens
eller sorgens tecken
denna första tid är också den lyckligaste i en
människas liv

Människan har förlänats en föga avundsvärd gåva,
förmågan att tänka
vetskapen om vår död styr vårt handlande, inget
dictum är så träffande som *vita brevis*

Ett kort liv, det lever vi alla, särskilt i förhållande
till evigheten
hur kan vi leva ett oskuldsfullt liv utan att vara
oskuldsfulla?
Är det möjligt att låtsas, att göra sig till, leva som
ett barn, så att säga?

Många skulle hävda det, särskilt de gladlynta och
den mot nuet inriktade personligheten
men de av oss som har en tredimensionell syn på
tillvaron kan inte låtsas

vi faustiskt lagda är dömda att räkna våra hjärtans
slag i takt med historiens tidvisare

Vi är dömda att fundera över våra förfäder, att
blicka bakåt men också framåt, mot framtidens
möjligheter
att uppskatta nuet, det omedelbara, det ligger inte
för oss

Likväl är det den spontana glädjen som behövs för
att höja civilisationen ur dess gemenhet
vi behöver mer livsglädje och mindre ångest,
nostalgi och fatalism

Om du inte kan vara omedveten, lev då barnsligt!
Om du inte kan vara barnslig, försök att vara
omedveten!

Minska din livsvärld och lev så spontant du kan
inom dess gränser
må detta glädjefulla budskap spridas som en löpeld
i vårt själsligt förtorkade landskap

Götens skymning

Flyktiga tid, som långsamt rinner
osäkra liv, ur ödets skimmer;

En dag i taget, på vardagens stigar
det sköra jaget, som evigt krigar

Glad och livfull, det var göten nog
när han redligt drog sitt arbetes plog;

Tankarna, riktad mot glädjens bana
ivrig och livfull, mot kunskap han spana

En dag som andra, vardagligt lik
En familjeman med vänner, på riktigt rik

Så hände något som ingen kan förklara
den ädle göten föll, och slutade vara

Med all sin kraft kämpade göten för att familjen få
se
men göten var kallad
och efter grymmaste bland dagar, kunde inte någon
le

Sorg och saknad över älskad vän
äkta man, far och son, ja, den bästa av män

En förlust utan like, för hela vårt rike;
hur går vi nu vidare, mot andra tider

mot ljusare dagar, där ingen lider?

Vi tänker på vår vän, vår broder
så även sörjande fru, far och moder

Glädjande dagar, bortom nuets stund
där finna vi göten, med ro i sin lund

Intill sin skymning hade göten frid i sinnet;
må vi trots sorg och saknad, lägga detta på minnet

Att gå vidare, med göten i vårt hjärta
det måste gå, trots all vår smärta

Många är de som mot göten peka
egna bedrifter, jämte honom bleka

Lovande söner, bärare av faderns arv
i dennes skugga, löpande livets varv

Tom är platsen i hjärtat, där du en gång fanns
ge mig åter den tid, när du levde i din glans

Hör hur mitt kväde låter, utan sans;
all den ära, som av göten vanns!

Så tystnar slutligen sången, i detta liv, för denna
gången;
älskade göte, dina gärningar vi minns
och trots din tidiga skymning,
i vårt hjärta du evigt finns

En lovsång över ensamheten

Jag sitter i ett rum utan ljud
i en miljö utan rörelse
alldeles ensam
mina tankar är som vimlet i staden
förvirrade och flyktiga
utan värde och essens
inte ens tankarna orkar med mitt sällskap
människan strävar efter mening
Men vad är min mening?
Vad är hennes mening?
Och hans mening?
Ja, vad är *din* mening?
Jag är fast i en tidsålder jag avskyr
kan inte undfly den, ens i min fantasi
obotligt fast och dömd, som den värsta bland
brottslingar
min enda förbrytelse är att jag föddes i fel tidsålder
Kanske är det slumpen som bär ansvaret för denna
förbrytelse?
Kanske är det ödets outgrundliga mystik som
ligger bakom?
I all fruktansvärd ensamhet finns ändå en tanke
ett frö och en hoppfull antydan
om att ångesten någon gång skall släppa
en tanke som gör ensamheten lättare att bära

Där allt är möjligt

Sorg och stress har bundit mig
känslor av förstämning präglar mitt jag
dock är min dröm om frihet och berömmelse
alltjämt vid liv
att vara en faustisk personlighet är ett jordiskt
helvete
dömd att aldrig vara glad, nöjd och nu-sinnad
Hur finner vi glädje när vi vet att all glädje är
illusorisk?
Var återfinner den vise sina illusioner?
Först genom att erkänna vilka vi är, kan vi få vad
vi innerst inne önskar
identitet föregår intresse, om det vittnar den
mänskliga erfarenheten
att tillvarata våra intressen utan att uppskatta vår
essens, låter sig svårligen göras
Ställ er de svåraste frågorna!
Bryt era vanor och tabun!
Att dö är inte så farligt
den som lever i ofrihet betalar ett högre pris
för att finna ro inför mina beslut vandrar jag ut till
klipporna
tillvarons isolerade platser, där mitt Vara är som
renast
i isolation finner jag min inspiration, det som
vårdar mina drömmar
dessa vidlyftiga tankebilder, som jag håller mer
kära än livet självt

Hur skulle det bli om jag gav mina drömmar det
erkännande de förtjänar?
Om jag tillät dessa mitt sällskap, utan att inkräkta
på något annat?
Vardaglighet är inte något fult, om det i övrigt står
i samklang med vakenheten
visare från min vistelse bland klipporna söker jag
mig tillbaka
med förnyad kraft att ta mig an världen
likt äldre tiders jesuiter har jag dragit mig undan
världen
för att senare dyka in i den igen med ny energi
nihil admirari, det är en maxim som handlar om att
inte ryckas med
det är dock svårt att följa detta dictum när världen
är som den är
kanske vore ett annat motto bättre för den
livskraftige?

Kontraster

Vardagen tynger den känslige
som fylls av en ihärdig längtan
att försöka fly undan Alltets dunkelhet
den som är nöjd med tillvaron
blir förr eller senare missnöjd
vardagens sällsamma stunder
övergår alltid i uppbrott och infall
kontrastens magi präglar alla livets områden
den som lever i frihet
kan endast bli ofri
den som lever i ofrihet
måste bli fri
den som hatar
måste förr eller senare älska
den som förtvivlar
måste därefter hoppas
den som är ensam, skall få sällskap
den som lever i sällskap, blir med tiden ensam
i detta liv, eller det nästkommande

Från stam till rike

I den luckra urtidens jord
där marken var näringsrik och luften frisk
stapplade den yrvakna människan varsamt fram
tack vare prövningar drog hon gränser genom
tillvaron
hennes livsrum vidgades efter ökade insikter
med hjälp av förståndet fann hon medel mot
naturen
elden, gåvan från Prometheus, ökade hennes aptit
på Varat
sedan dess har hon i högre utsträckning
domesticerat naturens krafter
som ändå aldrig har funnit sig i människans
kontrollbegär
kampen mot naturen har förts med alla möjliga
sinnrika medel
men kanske bleknar denna strid mot den som förts
mot andra människor
pugna perennis, den eviga striden, den som
människan ständigt fört mot sig själv
likt alla djur konkurrerar människan också med sin
egen art
det har aldrig funnits någon respekt för
mänskligheten som abstraktion
de ständiga konstanterna är konkurrens, konflikt
och krig
i sin strävan efter överlevnad har människan gjort
rov på andra människor

homo homini lupus, är kanske den mest
smärtsamma sanning som människan känner
att inte kunna räkna med släktets vänliga sinnelag
utgör en ständig källa till oro
som enskilda varelser ökade vi vår kunskap om
tillvaron
därefter lärde vi oss ta hand om vår avkomma
som växte upp i familjer, hierarkiskt inrättade
dock kunde inte familjerna värna sin rätt
de tvingades slå sig samman med andra familjer
vilka tillsammans bildade en större enhet, stammen
denna stam växte sig stark, tack vare sina friska
rötter
vilka gavs näring genom de enskilda familjernas
livskraft
som gynnades av starka ledare och väktare
från enskilda individer till hundratals stamfränder
närdes det som kallas *ethnos*
en särpräglad gemenskap, alstrad ur gemensamma
erfarenheter
familjer smälte samman över tid och befäste den
nya gemenskapen
som ny enhet tog stammen för sig av tillvaron och
tillfogade sig kraft
blod och död gynnade stammen i dess växt, gav
näring åt dess rötter
kampen för tillvaron var för stammen liksom för
individen nödvändig
i den svåra konkurrens som rådde försökte
stammen hävda sin unicitet

via kulturen och konsten höjde stammens
medlemmar sig över det basala
om så tusentals människor offrades åt döden,
kvarstod likväl det upphöjda
i takt med att stammen bredde ut sig i världen gavs
en högre vilja företräde
en strävan att gestalta tillvaron i enlighet med en
särskild mentalitet
en längtan efter att fylla Varat med ett begripligt
innehåll
så kom det sig att olika stammar växte ut till
nationella riken
som i vissa fall förenades i *Imperium*
det mest upphöjda uttrycket för ordningens
metafysik
vad som gjorde imperierna starka var de
livskraftiga nationerna
på samma sätt som stammen bars upp av de starka
familjerna
blev imperierna uppburna av de starka nationerna
och i likhet med den degeneration som uppstod när
familjen som enhet brast
urholkades de stora imperierna i takt med
nationernas förfall
här ser vi världshistoriens återkommande
dramaturgi
att blicka ut mot historien från ett större perspektiv
är endast ett fåtal förunnat, måhända en på
miljonen
men så är också världshistorien ett esoteriskt
skådespel

resan från stam till rike är en blodig färd
ett evigt kretslopp som ödet grymt har instiftat
vår mission är att härda oss inför denna eviga
återkomst

Dämonen

Sent omsider, när natten kommer
när allting tystnar och sinnena spänns
när vi nogsamt lyssnar tills lamporna tänts
då kommer den värste och ger sig tillkänna

En mörk gestalt ur vårt undermedvetna
fientligt inställd till vår själs väl och ve
leder oss på villovägar, under spott och spe
då känna vi dämonens äckliga andetag
då känna vi dennes vidriga stank
då känna vi själva luften förpestas
innerst inne känner vi den onda doften
innerst inne vet vi att luften är kvalmig
men vår behärskning, försvinner likväl
och luften inandas vi ändå

"Haha!", skrattar dämonen illvilligt ur sig, "nu är
du i mitt våld!"
Vi river sönder vårt inre, lockas därefter mot det
ytligt lustfyllda
men inte ens lustfylldheten tränger undan vårt
självhat
vi drivs att dricka det som är onyttigt
vi känner ett behov av att tillfredsställa oss själva
och därmed visa vårt förakt för den sanna kärleken
dämonen skrattar ondskefullt åt vår förspillda kraft
han gottar sig furstligt i vårt själsliga fördärv
innan vi faller än djupare ner i eländets grotta för
var steg vi tar

och alltjämt skrattar dämonen ikapp med gamle
Baal
frosseriet och lättjan är inte det värsta
utan vår fallna viljas håglöshet
vår avsaknad av kämpalust
ja, låt oss säga det: vår själs skrumpenhet

Dämonen dansar ringdans i helvetet när han ser oss
lida
lycklig är denne över att plåga vår ande
rejält njuter dämonen över vår förslösade viljekraft
cyniskt utnyttjar han livsledan hos de hopplösa
som en omåttligt hungrig spindel lägger dämonen
försåtligt ut sitt nät
ivrig i sin väntan på de olycksaliga
grymt infaller dämonen med sin onda stämma, sitt
mörka siren-kall:
"Förlusta dig! Gröp ur din själ! Kasta dina
principer åt sidan!"
Dämonen övertygar med sina ord
de väger mer än all världens jord
om annat vore skulle vi känna frid
i denna skändliga och osunda tid

De mörkas makt är stor
den krossar de rättfärdigas motstånd
men förmår ändå inte besegra det förnäma
det är lätt att klaga över besvärliga tider
det är lätt att känna olust och en vilja till att fly
undan lidande
störst av allt är ändå att undgå lockelsen att klaga

och att med kraft och vilja streta emot
må ni aldrig glömma att vi trots dämonens övertag
likväl förfogar över de verktyg som krävs
för att stå emot dämonens fula knep

Ett stort öde möter de som kämpar i motlut
äran tillfaller de som ädelt kämpat sig förbi de
högsta och svåraste hinder
glöm aldrig det, när dämonen kommer fram och
skall jävlas

Den mänskliga storhetens ruiner

Kylig är marken under mina fötter
kärv är känslan som möter mina känselspröt
från en flackande höjd ser jag oändlig vithet
som strösslats med gråa inslag

Himlen är skymd av en mystisk dis
solens strålar orkar inte ta sig fram
jord och himmel har blivit ett
en evig rymd utan nyanser

Det enda som röjer jordens mark
är de gråa silhuetter jag skådar
vilka trotsigt spirar ur den snöbeklädda jorden
åminnelser i sten och marmor om det som varit

Inte en människa så långt mitt öga når
inget larm eller väsen som stör tystnaden
inget kan röja den sublima inramningen
detta majestätiska tillfälle härskar oinskränkt

Fötterna bär mig framåt genom landskapet
detta mystiska sammanhang jag hamnat i
präglat av en uppbygglig köld och hårdhet
som skalar bort allt som inte är äkta

Bekanta lämningar ger sig tillkänna
en staty av Goethe vilandes i pindarisk stillhet
en svärtad katedral med instörtat tak
upptäckter som får hjärtat att flämta

En uppslagen bok ligger i snön
en bibel som har frusit fast
någon har bläddrat i den
och stannat vid Johannes apokalyps

Jag vandrar långsamt vidare genom snön
det har börjat yra rejält i landskapet
de frusna ruinerna täcks av himmelsmjäll
en olycksbådande lyster över det som varit

En tron av sprucken marmor med spira framför
ornamenterad med hjärta och hjärna
människans dualistiska natur representerad
ingraverad i forndoms maktemblem

Trädandes fram mot spiran ser jag yran öka
stegen blir tyngre och jag sjunker lätt
snödrivornas gestalt har förändrats
i ett landskap där den kalla vinden anlänt

En kraftansträngning krävs för att nå spiran
hela min kropp blir matt under försöket
som till slut visar sig vara lyckosamt
triumfatoriskt greppar jag maktsymbolen

Det känns som att miljoner volt går igenom
en tröttande energi strålar genom mig
snön slutar yra och den gråa himlen lättar
Ljus himmel och strålande sol tar vid

I det nya landskapet smälter snön
det som en gång har varit töar åter fram
den mänskliga storhetens ruiner visar sig
jag påminns därigenom om vad som är möjligt

Spiran med hjärtat och hjärnan har försvunnit
den upplösning som tog vid gömde även spiran
en strålande sol har givit sig tillkänna
över ett landskap som ånyo sjuder av liv

Det perfekta livet

Inga händelser i livet är oss givna
morgondagens böcker, ännu ej skrivna

I ungdoms dar, vi blickar fram
att idag ej sukta, det är skam

Tiden, alltid med oss
livet, brinner som ett bloss

Otåligt söker vi oss fram
på jakt efter guld och glam

Vi ser somliga vinna det goda
och andra mörkret loda

Olika vägar fram, det finns
något som vi sällan minns

Livet är ett maraton, ej en sprint
att stressa för tidigt, gör en flint

Det perfekta livet, är en lagom sak
en svår väg att vandra, o knappast rak

Tufft är det att leva, att finnas till
men väl på plats, var aldrig still

Ta dagen som den kommer, lev för stunden
stå ej ut med att se den gode Eros bunden

Evighetens vinter

Kung Bore är här, kalla vindar sveper in
över hela jorden fryser intentionerna till is
vad vi ville igår, vill vi inte längre idag
vår hoppfulla framtid har kapsejsat
vi gick på grund på småaktighetens skär
när vi tappade kontakten med det gudomliga

I blindo famlar vi mot morgondagen
till en framtid vi inte känner till
vi måste ta tillvara på våra förmågor
de som har givits oss och inga andra
på ålderns höst vill vi vara i god position
så att vi lugnt kan vila på våra lagrar

Men ålderns höst når inte alla
redan i ungdomen rycks många bort
i förtid slutar ofta vår erfarenhet av livet
det unga livet och den tidiga döden
är en stor och återkommande tragedi
det finns ingen respit att få från livet

Världen har gått in i sin slutliga fas
vi är alla inne på sista varvet
endast Cassandra har sett framtiden
vad morgondagen bär i sitt sköte
tur är det för oss och viktigt för glädjen
om vi visste allt skulle vi gå under

Vad vore en evighet om vi kände slutet

en tröttsam episod vore livet med facit i hand
mörkt vore det att veta allt som finns att veta
att förlora incitamenten att sträva i tillvaron
vore samma sak som att lägga sig i graven
men även evigheten har sina årstider

Urtidens vår tog våldsamt för sig
när alltets sfärer började röra sig
och det som varit stilla kom i rörelse
en stor smäll eller viljeakt var skälet
kanske sattes allt igång av andra skäl
ingen kommer veta så länge jorden består

Under världens sommar bredde livet ut sig
jorden var rik på växtlighet och föda då
allt som krävdes för att livet skulle växa
nya former utvecklades som ingen skådat
det nya samsades med det gamla i harmoni
allt var grönt på jordens stora sköna yta

Frön och frukter mognade till slut
det som växt under lång tid fullbordades
under solens lupp närdes livet till styrka
det blev dags att så vad som hade skördats
då är det läge att avnjuta livets zenit
innan det tragiskt övergår i nadir

Höstens kalla vindar sveper dock in
fruktbarhetens tid tar alltid slut
ljuset avtar och mörkret träder in
hösten är sommarens fördröjda svanesång

även undergången kan vara njutbar
åtminstone för dem som inte räds skymningen

Så anländer vintern till sist
en yuga bland flera har upphört
det cykliska förloppet har gått ett varv
en ny epok ersätter en gammal
livet ömsar skinn intill alltets slut
då även evigheten når sin vinter

Urfrågor

Livet är en utbildningsanstalt
som vi inte sökt till
men som ändå antagit oss.

Vi möter en värld
som är tom på mening
men full på innehåll.

Sökandes mot ljuset
likt Ikaros strävande
smälter våra ideal isär.

På jakt efter kunskap
söker vi livets gåtor lösa
med alla slags medel.

En undran infinner sig
en bland många:
vad gör vi här?

En annan undran
minst lika viktig:
finns det någon mening?

Svaret är en gåta
som vi själva måste lista ut
så länge som vi lever.

Stundom tror vi oss veta

att livets fortsatta utbredning
vore den uppenbara lösningen.

Människan är inget vanligt djur
hon är det ovanligaste djuret
som ej accepterar ett sådant svar.

Bland släktet finns det näsvisa
som redan i ungdomen sägs ha listat ut gåtan:
att ha kul i livet, jämnt och ständigt.

Ingen människa är lycklig
lycka är inget evigt tillstånd
det är hägring som flyktar.

Många söker glädje
men finner endast olycka
samtidigt väntar lugnet på oss.

Med förökning gäller detsamma
det söks av de flesta människor
men det i sig lovar ingen mening.

En strävan är nödvändig
vi måste mot ett Något
för att inte förgöra oss själva.

Urfrågan före alla
står i relation till svaret
gällande meningen i tillvaron.

Vi tror oss finna parnassen
när vi istället funnit en ruin
en plats för våra förlorade drömmar.

Illusioner krossas långsamt
idealen är seglivade
de överlever oss alla.

Men ännu segare än idealen
är de ständiga urfrågorna
våra ledstjärnor i tillvaron.

Det är svårt att finna svar
kanske är svaren inte viktigast
måhända är urfrågorna viktigare.

Att söka svar är naturligt
varje fråga är ett öppet sår
som kan lindras men aldrig läka.